AF262305

CONCESSIONS

DE

CHEMINS DE FER

DANS LE

DÉPARTEMENT DU NORD

NOTE A L'APPUI

LILLE

IMPRIMERIE DE LEFEBVRE-DUCROCQ

Rue Esquermoise, 57

1876

CONCESSIONS

DE

CHEMINS DE FER

DANS LE

DEPARTEMENT DU NORD

NOTE A L'APPUI

LILLE

IMPRIMERIE DE LEFEBVRE-DUCROCQ

Rue Esquermoise, 57

1876

SOMMAIRE

CONCESSIONS DE CHEMINS DE FER

DANS LE

DÉPARTEMENT DU NORD

I

EXPOSÉ

Le Conseil général du Nord se propose de donner, dans sa session prochaine, la concession de diverses lignes jugées indispensables au développement normal du réseau départemental.

En suite des traités Nord-Philippart, qui ont attribué de fait, à la Compagnie du chemin de fer du Nord, le monopole de l'exploitation des chemins de fer du département, le Conseil général, dans la pensée de mettre à profit cette situation, et avant de statuer sur l'attribution des nouvelles lignes à une autre Compagnie, a demandé à M. l'ingénieur en chef du département, de vouloir bien en faire l'étude, en prévision de leur construction et de leur exploitation par la Compagnie du Nord.

Cette étude a été faite en conformité de ces instructions. Les tracés des lignes ont été déterminés de façon à réduire les longueurs à construire, en empruntant le plus possible des portions de voies aux lignes déjà en exploitation : les subventions kilométriques, exigées par la Compagnie du Nord et reconnues légitimes en principe, devaient en être diminuées d'autant, sans qu'il y ait à prévoir de charges additionnelles pour le service des tronçons communs, non plus que pour l'usage des gares communes. Le rendement des lignes a été apprécié exclusivement en vue des avantages que leur exploitation pouvait offrir à la Compagnie du Nord, concurremment avec celle de son propre réseau, etc.

Nous résumons ci-dessous les conditions générales de construction et d'exploitation, telles qu'elles résultent du rapport de M. l'ingénieur en chef du Nord.

1.ᵉ *Désignation des lignes.*

1. Armentières à Tourcoing, longueur à construire.		18^k100
2. Templeuve-Hazebrouck,	id.	41^k784
3. Orchies-Carvin,	id.	17^k »
4. Artres à Denain,	id.	9^k807
5. Id. à Lourches,	id.	4^k500
6. Solre à Maubeuge,	id.	17^k124

soit ensemble environ 108 kilomètres.

2. *Construction.*

1. Capital (nominal) pour dépenses de toute nature nécessaires à la construction et à la mise en exploitation des 108 kilomètres ci-dessus . . . . 14.763.500 fr.
Soit par kilomètre . . . . . 136.700 fr.
2. Subvention jugée nécessaire. . . . . 5.562.000 »
Soit par kilomètre . . . . 51.500 »
3. Capital à réaliser par kilom. 85.200 fr. Tot. 9.201.500 fr.

3. *Exploitation.*

1. Recettes kilométriques variables de 4.200 à 21.000 fr., se résumant en un total général d'environ 1.080.000 fr.
Soit par kilomètre . . . . . 10.000 fr.
2. Frais d'exploitation évalués en moyenne par kilomètre à. . 5.000 fr.
Soit pour les 108 kilomètres à . . . . . . 540.000 fr.
3. Recettes nettes au profit du capital à mettre en œuvre, additionnellement à la subvention: . 540.000 fr.
c'est-à-dire tout près de 6 o/o de revenu annuel.

Tels sont les résultats prévus pour la construction des lignes complémentaires projetées et leur exploitation par la Compagnie du Nord. Ils sont subordonnés, comme on voit, à la suffisance du chiffre kilométrique de 136.700 fr. pour les frais de construction et de mise en état, et de 5.000 fr. pour les frais d'exploitation ; auquel cas la subvention de 51.500 fr. par kilomètre complétera la dépense nécessaire.

Il paraît fort à craindre que ces bases ne soient contestées et qu'il ne soit requis une augmentation de la subvention prévue.

Il est assez improbable, en effet, que la Compagnie du Nord, qui a engagé les pourparlers avec le Conseil général, sur la base d'une subvention kilométrique de 120.000 fr. environ, et qui d'ailleurs doit se soucier peu d'exécuter des lignes projetées, en partie, pour faire concurrence aux siennes, accepte la responsabilité des dépenses de premier établissement, au prix de 136.700 fr. par kilomètre, chiffre notoirement insuffisant en regard du coût plus élevé des lignes similaires de la Compagnie du Nord-Est, dont elle vient de reprendre l'exploitation. On peut prévoir de ce chef une plus-value d'estimation d'au moins 20.000 fr., tout en tenant largement compte d'une certaine réduction du matériel d'exploitation, des travaux des gares, des frais d'émission du capital... etc., par le fait de l'intervention de la Compagnie du Nord.

Il n'y a pas à compter sur une réduction des frais d'exploitation, évalués à 5.000 fr. en moyenne par kilomètre, réduction qui profiterait au produit net et laisserait un excédant pour la rétribution de l'augmentation de capital à prévoir, comme il vient d'être dit. D'une part, en effet, l'exploitation doit se faire par les soins d'une grande Compagnie, c'est-à-dire dans des conditions onéreuses, à en juger par l'expérience des faits acquis *(voir note A)*; d'autre part, il est démontré que ce chiffre de 5.000 fr. par kilomètre, suffisant à la rigueur pour couvrir les frais d'exploitation afférents à des recettes brutes de moins de 10.000 fr. par kilomètre, et dans le cas d'une exploitation par de petites Compagnies, devient absolument insuffisant, en tout état de cause, pour des recettes dépassaht 10.000 fr. par kilomètre *(voir note B)*, comme c'est le cas pour la moitié des lignes en projet. Il y a lieu de prévoir pour ces frais une moyenne d'environ 5.500 fr., soit une augmentation de 500 fr., eu égard surtout à l'exploitation par une grande Compagnie. Le rendement net attribué, par M. l'ingénieur en chef du Nord, au service des intérêts du capital, loin de comporter une augmentation, est à réduire, au contraire, de plus de 50.000 fr., c'est-à-dire qu'il ne correspond plus qu'à un capital d'environ 8.000.000 fr. : d'où résulte un nouveau déficit d'environ 10.000 fr. par kilomètre.

La subvention kilométrique, fixée à 51.500 fr. par M. l'ingénieur en chef du Nord, semble ainsi devoir être augmentée d'au moins 20.000 fr. pour rectification du prix kilométrique de premier établissement, et ensuite de 10.000 fr. par rapport au déficit à peu près certain de l'évaluation du produit net : ensemble 30.000 fr.

La subvention prévue pour 108 kilomètres, 5.562.000 fr., deviendrait ainsi, à raison de 81.500 fr. par kilomètre, 8.802.000 fr., et encore est-ce là, selon toute apparence, son expression la plus réduite.

Le Conseil général, s'il ne veut se prêter à cette exigence, qui pour être considérable n'en est pas moins légitime, doit chercher une autre solution et renoncer probablement à concéder les lignes complémentaires du réseau départemental, dans les limites restreintes, dans les conditions de monopole prévues de prime abord et qui se traduisent par des résultats onéreux, principalement parce que, dans cet ordre d'idées, les lignes, telles qu'elles sont déterminées, ne peuvent produire tout le rendement dont elles sont susceptibles.

Il n'est pas impossible de démontrer, en effet, que le rendement de l'exploitation, et par conséquent les conditions de la construction, se présentent différemment, si l'on donne à ces lignes tous les développements qu'elles comportent, et si l'on admet pour leur exploitation l'intervention d'une Compagnie indépendante, réserve faite de tout mauvais vouloir de la Compagnie du Nord.

Et d'abord une telle Compagnie n'ayant pas à compter avec le trafic, plus ou moins menacé de réduction, d'anciennes lignes, se préoccupera davantage de tirer des nouvelles, tout le parti possible; d'en rendre l'exploitation plus productive en elle-même par l'accroissement du trafic, ou par la réduction des frais d'exploitation sur lesquels ne pèseront pas de charges étrangères. Elle déterminera ainsi une augmentation du produit net qui permettra, s'il en est besoin, la mise en œuvre d'un capital plus élevé, de façon à couvrir les dépenses de construction, sans garantie supplémentaire ou augmentation de la subvention dont le chiffre de 51,5oo francs par kilomètre paraît la limite extrême, conciliable avec les intérêts du département.

Pour mieux assurer le rendement que comporte l'exploitation des lignes, il conviendra en outre, contrairement à l'idée première du Conseil général : 1º d'éviter le plus possible les sections communes qui seraient autant d'entraves onéreuses pour une exploitation indépendante; 2º d'étendre les longueurs à concéder par l'addition de quelques sections nouvelles reconnues d'intérêt général et de nature à produire, pour l'ensemble, un revenu plus rémunérateur, soit par l'apport du produit de ces sections, soit par la réduction kilométrique des frais généraux d'exploitation de réseaux plus grands. Sans ces modifications au projet du Conseil général, l'intervention d'une Compagnie nouvelle serait insuffisante, et nonobstant une proposition faite sur la base d'une subvention modérée (*voir note C*), le capital ne serait pas réalisable, comme il sera facile de s'en convaincre, à la conclusion de cette étude.

Nous avons ainsi à voir si, avec une évaluation des frais et dépenses de premier établissement, qui prévienne tout mécompte, les revenus des lignes, modifiées dans le sens indiqué, normalement construites et économiquement exploitées, peuvent donner une rémunération suffisante au capital à mettre en œuvre, sans qu'il soit besoin de demander au Département une

subvention supérieure à 5o,ooo francs par kilomètre, chiffre qui sera sans doute reconnu légitime autant que modéré.

II.

LIGNES A CONCÉDER.

Les lignes à concéder, pour compléter, sans de trop grands sacrifices, le réseau départemental, paraissent devoir être déterminées comme suit :

I. — La ligne d'Armentières à Tourcoing doit être prolongée jusqu'à Roubaix, afin de relier directement ce centre important aux points intermédiaires de la ligne, qui ont avec Roubaix des relations suivies et réciproquement. L'arrêt de la ligne à Tourcoing paralyse ces relations, en obligeant les voyageurs, pour Roubaix et réciproquement, à changer de train à chacune des gares de Tourcoing, sujétion inadmissible, même pour le trafic des marchandises et sans faire entrer en compte un supplément de parcours d'au moins deux kilomètres, qui en est la conséquence.

La longueur à construire, dans ces nouvelles conditions, s'accroît d'environ deux kilomètres et la longueur à exploiter atteindra vingt-quatre kilomètres environ, si l'on exige, comme cela est probable, la déviation du tracé dans la direction du village de Frelinghien.

II. — Les tracés des lignes de Templeuve-Hazebrouck et d'Orchies-Carvin devront subir un remaniement de nature à déterminer leur fusion relative, au détriment du point d'origine de Templeuve, qui apparaît sans raison d'être et doit être abandonné, conformément aux indications de M. l'ingénieur en chef du Nord. Le nouveau tracé partirait d'Orchies, avec Seclin pour objectif, mais en se maintenant sur une partie du parcours, dans la direction de Carvin, de manière à permettre le raccordement de ce centre de population à la ligne d'Orchies-Hazebrouck, par un court embranchement se détachant de la ligne principale, à Mérignies par exemple.

De Seclin à Laventie le tracé est à étudier à nouveau, de façon à être raccourci et débarrassé de la sujétion des sections communes prévues au projet. Il est à présumer que le génie militaire permettrait, sur les instances du Conseil général, de passer à gauche des positions de Ligny, à la condition de maintenir le tracé à portée de ces positions : la ligne nouvelle pourrait alors recevoir une direction indépendante, au moins à la sortie de la gare de Wavrin, et desservir jusqu'à Laventie une région plus peuplée.

Le tracé, à la sortie de Laventie, serait dirigé

en droite ligne sur Estaires, et d'Estaires, par
Neuf et Vieux-Berquin, sur la station de Strazeele, conformément aux judicieuses indications
de MM. les ingénieurs du Département.

La longueur totale de ce nouveau tracé, qui
se rapproche, en nombre de points, de l'ancien
avant-projet, ne dépasserait guère 66 kilomètres,
y compris l'embranchement sur Carvin et sans
emprunts notables aux lignes exploitées par la
Compagnie du Nord.

III. — La ligne d'Artres à Denain, avec embranchement sur Lourches, est à compléter par
l'adjonction de la ligne anciennement projetée
de Denain à Saint-Amand. Cette dernière ouvrira,
d'une part, aux centres industriels de Denain,
Bouchain, Cambrai, etc., une communication
directe avec les ports d'Ostende et d'Anvers par
Tournai, sans concurrence de la ligne industrielle
d'Anzin plus longue et encombrée; d'autre part
elle donnera plus d'extension au groupe isolé de
Denain et permettra une réduction kilométrique
des frais généraux d'exploitation. La longueur de ce
réseau ainsi modifié atteint environ 30 kilomètres.

IV. — La ligne de Maubeuge à Solre est à pro-
longer jusqu'à Avesnes, afin de lui ouvrir un
débouché plus certain et d'augmenter sa longueur trop faible pour une exploitation économique. Il restera à voir ultérieurement s'il n'y
aurait pas opportunité à continuer la nouvelle

ligne de Solre-Avesnes jusqu'à Landrecies, en ménageant, comme il en a été question, un raccordement avec les lignes du département de l'Aisne. Dans l'état actuel, ce réseau limité à Maubeuge-Solre-Avesnes est d'environ 30 kilomètres.

V. — Nous mentionnerons, pour ordre, le raccordement deBéthune à Laventie, propreà fournir un accroissement de trafc à la ligne d'Armentières-Roubaix, par le transit des charbons du Pas-de-Calais.

Les lignes à concéder seraient ainsi les suivantes :

1.— Roubaix-Armentières, longueur totale. . 24 kilom.
2.— Orchies-Carvin à Hazebrouck (Strazeele). 66 kilom.
3.— Artres à Denain et à Lourches
et Denain à Saint-Amand . . . . . id. 30 kilom.
4.— Maubeuge-Solre-Avesnes . . id. 30 kilom.

Ensemble environ 150 kilomètres.

En admettant, sur cette longueur totale, 15 kilomètres environ de voies et garages communs avec les lignes exploitées par la Compagnie du Nord, il reste à construire 135 kilomètres, sous toute réserve des résultats qui seront acquis, en suite des études définitives.

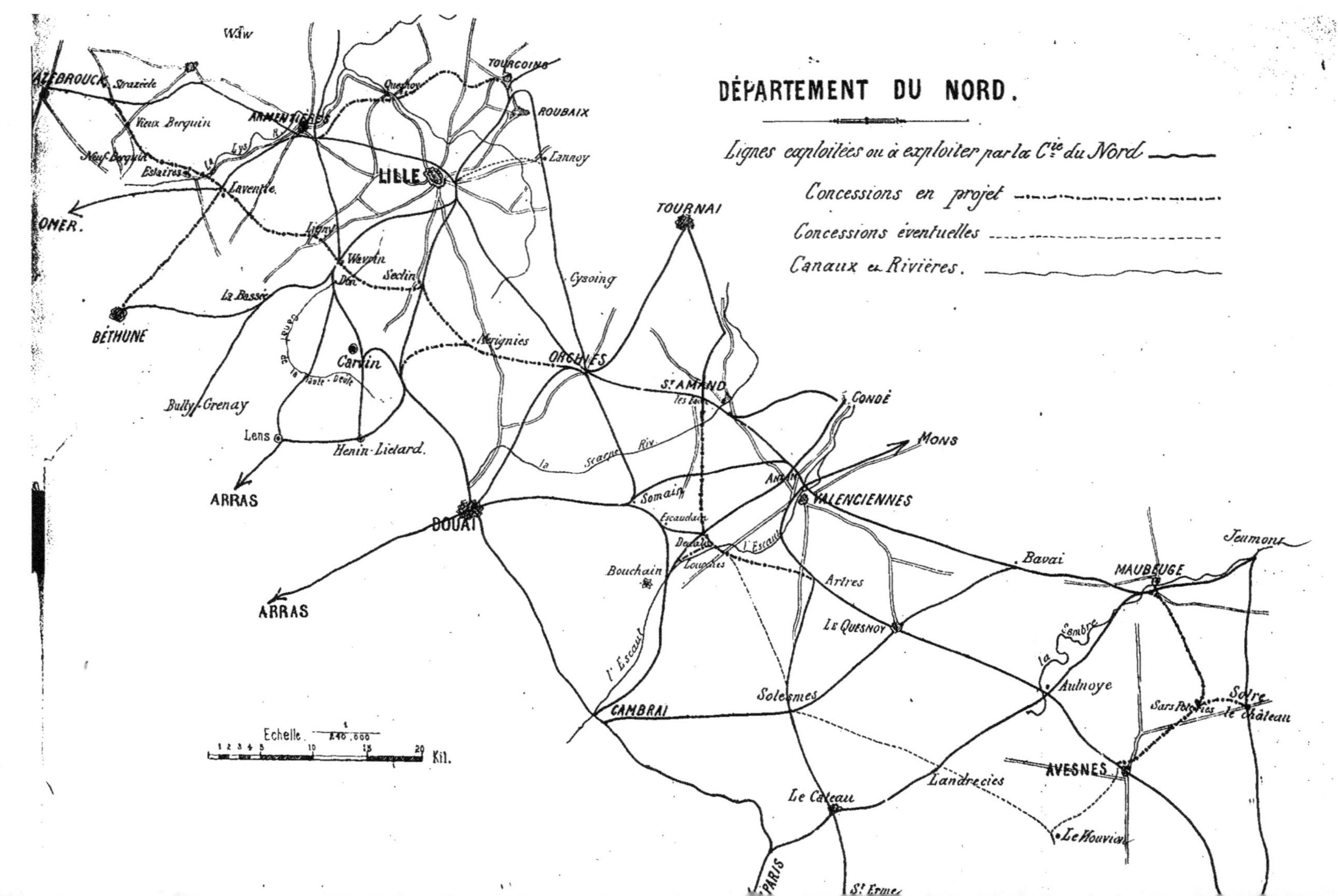

DÉPARTEMENT DU NORD.
Lignes exploitées ou à exploiter par la Cie du Nord
Concessions en projet
Concessions éventuelles
Canaux et Rivières.
Waw
HAZEBROUCK
Strazeele
Vieux Berquin
Neuf Berquin
Estaires
Lavente
La Bassée
BÉTHUNE
Bully-Grenay
Lens
Hénin-Liétard
Carvin
ARRAS
ARRAS
DOUAI
Bouchain
ARMENTIÈRES
Lys
Ligny
Wavrin
Don
Seclin
LILLE
Quesnoy
TOURCOING
ROUBAIX
Lannoy
Cysoing
Mérignies
ORCHIES
TOURNAI
St AMAND
les tou
Somain
Escaudain
Denain
Loupates
l'Escaut
la Scarpe Riv.
CONDÉ
MONS
Anzin
VALENCIENNES
Artres
Le Quesnoy
Bavai
MAUBEUGE
Jeumont
la Sambre
Aulnoye
Sars Poteries
Solre le château
AVESNES
l'Escaut
Solesmes
CAMBRAI
Landrecies
Le Cateau
Le Nouvion
PARIS
St Erme
Echelle
1:40.000
Kil.
OMER.

III.

DÉPENSES DE CONSTRUCTION.

L'évaluation complète des dépenses de construction de ces 135 kilomètres, dans les conditions ordinaires et en y comprenant les dépenses d'appropriation des sections et gares communes, ne monte pas à moins de 23.000 000 francs, soit environ 170.000 francs par kilomètre.

Nous allons donner approximativement le détail de cette dépense, dont le chiffre est corroboré par les comptes officiels des frais d'établissement des lignes similaires de la Compagnie du Nord-Est [1].

---

[1] Les dépenses de premier établissement des lignes de la Compagnie du Nord-Est se soldent par un chiffre qui ne peut être inférieur à 165.000 francs par kilomètre. Les comptes-rendus donnent, en effet, les chiffres suivants :

1. Frais généraux et études définitives, à forfait. . . .   7.500 fr.
2. Travaux et expropriations (moyenne) . . . . . 107.500 fr.
    Il faut ajouter :
3. Matériel roulant (moyenne) . . . . 18.000 fr.
4. Frais d'émission du capital, intérêts pendant la construction, environ 15 %. . . . . 25.000 fr.
5. Dépenses préliminaires, avant-projets, formation de société, divers et imprévu, au moins. . . . . . . 7.000 fr.

                Somme égale. . . 165.000 fr.

2

Bien que ces prévisions dépassent de plus de 30.000 francs par kilomètre les évaluations de M. l'ingénieur en chef du Nord, nous n'estimons le chiffre nécessaire de la subvention qu'à 50.000 francs par kilomètre, soit pour 135 kilomètres, à 6.750.000 francs, lesquels déduits du capital total évalué ci-dessus :

135 kilomètres × 170.000 fr. = 22.950.000 fr.
Valeur de la subvention. . . 6.750.000 fr.

laissent pour capital à réaliser : 16.200.000 fr.

Nous admettrons cette réalisation sous forme de 15,000 actions de 500 francs, représentant le capital social de la Société à créer, et de 35,000 obligations, de coupure ordinaire, c'est-à-dire rapportant 15 francs par an, soit en actions 7.500.000 francs, et en obligations 8.700.000 francs, dont la garantie est complétée par la subvention du département.

L'emploi du capital évalué ci-dessus se justifie comme suit :

	Par kilom.	Ensemble
1. Dépenses préliminaires et avant-projets, formation de société et frais généraux pendant la construction.	5.000 fr.	675.000 fr.
2. Expropriation (2 hect. 1/4 par kilom.), frais d'actes, expertise, etc.	27.500 fr.	3.712.500 fr.
3. Travaux et dépenses de construction, suivant détails d'autre part.	104.000 fr.	14.040.000 fr.
A reporter. .	136.500 fr.	18.427.500 fr.

	Report. . .	136.500 fr.	18.427.500 fr.
4. Escompte à 5 % de la sub-vention.		2.500 fr.	337.500 fr.
5. Intérêts du capital pendant la construction (7 1/2 %). . .		12.750 fr.	1.721.250 fr.
6. Frais d'émission du capital (6 %).		7.200 fr.	972.000 fr.
7. Appropriation des sections et gares communes		5.000 fr.	675.000 fr.
8. Somme à valoir et imprévu.		6.050 fr.	816.750 fr.
Ensemble valeur totale.		170.000 fr.	22.950.000 fr.

Rem. Le chiffre de 170.000 francs par kilomètre est un peu plus élevé que le chiffre, minimum d'ailleurs, relevé pour la dépense kilométrique des lignes du Nord-Est, en raison : 1° de l'addition de 5.000 francs pour l'appropriation de sections et gares communes plus nombreuses ; 2° des dépenses exceptionnelles de la section de Tourcoing-Roubaix ; 3° des ponts importants sur la Lys et sur l'Escaut ; 4° enfin des frais d'émission que l'on doit prévoir plus dispendieux, à défaut de garantie du Département et de l'Etat.

Détails du prix kilométrique de construction.

1. Frais généraux pendant les travaux, frais de cautionnement, de vérification de tracés, recherche de matériaux, etc.		3.000 fr.
2. Terrassements (pour une voie) :		
1° Moyenne par kilomètre, 8,000 m³ à 1 fr. 50 l'un . . .	12.000 fr.	
2° Plateformes des stations .	600 fr.	
3° Perrés, fossés, chemins latéraux, etc.	900 fr.	13.500 fr.
A reporter. . .		16.500 fr.

	Report. . . .	16.500 fr.
3. Ouvrages d'art (pour 2 voies), moyenne .		12.000 fr.
4. Passages à niveau et maisons de garde .		2.300 fr.

5. Bâtiments des stations nouvelles et dépendances, etc. . . . . 5.500 fr.

6. Établissement de la voie et garages :

1° Ballastage, 2,250 m³, à 4 f. 25 l'un.	9.500 fr.	
2° Matériel de la voie . . .	17.500 fr.	
3° Traverses.	7.000 fr.	
4° Pose, coltinage, entretien.	3.000 fr.	37.000 fr.

7. Matériel accessoire de la voie.	2.800 fr.
8. Matériel roulant (moyenne).	18.000 fr.
9. Clôtures de la voie et des stations. . . .	2.700 fr.
10, Télégraphe, poteaux divers.	600 fr.

11. Mobilier des stations et petit outillage de la voie . . . . 600 fr.

| 12. Somme à valoir et imprévu (6 %). . . | 6.000 fr. |

Somme égale. 104.000 fr.

IV.

RENDEMENT DE L'EXPLOITATION.

Nous avons à étudier le rendement probable de l'exploitation des lignes à concéder, afin de nous assurer que le capital à réaliser, pour compléter la subvention départementale, doit y trouver une rémunération satisfaisante.

On établit généralement la recette probable d'une ligne de chemin de fer, au moyen d'une statistique approximative de son trafic en voyageurs et marchandises, statistique que l'on dresse d'après les éléments locaux et qui est pourtant peu concluante à l'ordinaire, les bases en étant, malgré l'apparence, d'une appréciation extrêmement délicate. Ce travail a d'ailleurs été fait en grande partie pour les lignes qui nous occupent, et se trouve à peu près complètement résumé dans le rapport de M. l'ingénieur en chef du Nord; nous allons essayer d'en contrôler les résultats par une méthode générale.

Si l'on veut bien remarquer que la seule base

d'appréciation du trafic d'une ligne, qu'il soit possible d'établir d'une manière à peu près certaine, est la population desservie directement par cette ligne ; que les autres éléments du trafic sont forcément en rapport avec cette population dont la densité est en relation étroite avec la richesse agricole et industrielle des contrées qu'elle occupe, on admettra qu'il soit possible de déduire de cette base unique le résultat probable de l'exploitation d'une ligne, en déterminant, au moyen de la statistique générale des chemins de fer en exploitation, la formule de la relation qui doit exister entre le chiffre de cette population et l'importance du trafic auquel elle donne lieu.

L'expérience démontre que l'on doit envisager comme population desservie par une ligne de chemin de fer, celle qui occupe une zône de 12 à 15 kilomètres dont cette ligne serait l'axe.

Dans ces termes, la recette afférente au service des voyageurs est évidemment donnée par la formule :

$$R = n \times c \times d \times 0 \text{ fr. } 06$$

dans laquelle n représente la population desservie, c le coefficient de déplacement, c'est-à-dire le nombre de voyages — aller ou retour — par habitant, d la distance moyenne parcourue, et enfin 0 f. 06 la rétribution kilométrique moyenne par voyageur, telle qu'elle est approximativement donnée par la statistique générale.

La valeur de *n* peut être assez exactement déterminée dans chaque cas, celle de *c* varie de 8 à 12 et même à 14 pour les lignes principales des grands réseaux, lesquelles bénéficient de nombreux affluents, en outre des populations desservies directement ; sa valeur moyenne pour l'ensemble des chemins de fer français étant de 6, sa valeur inférieure doit osciller entre 2 et 3, de sorte que, pour les petites lignes d'intérêt local, on ne fera sans doute pas d'erreur grave en posant $c = 2.5$; la valeur de *d*, qui est de 40 kilomètres comme moyenne générale, peut être déterminée assez approximativement pour chaque ligne. On voit qu'on possède un ensemble d'éléments suffisamment précis pour permettre d'obtenir, au moyen de la formule ci-dessus, la recette du service des voyageurs sur une ligne donnée.

La statistique générale démontre, d'autre part, que la recette afférente aux articles de messageries, bagage, etc., et en général au trafic à grande vitesse, varie de 1/5 à 1/3 de la recette des voyageurs ; que celle, afférente au trafic à petite vitesse est de 1.50 à 2.10 fois cette même recette: les coefficients du réseau Nord sont respectivement 0.25 et 2.10 [1].

---

[1] L'introduction des coefficients 0.25 et 2.10 dans la formule donne pour le réseau du Nord : $R = ncd \times 0.201$.

Or le réseau Nord rayonne dans 7 départements et une province de la Belgique, représentant ensemble une population de 5,000,000 hab.; dans ce nombre Paris figure pour 500,000. On peut admettre que les 2/5 environ de cette population se trouvent répartis, sur les

La recette totale d'une ligne de chemin de fer est donc comprise entre les produits suivants :

$$(1) \quad R = (ncd \times 0.06)(1 + 0.20 + 1.50) = ncd \times 0.162$$

$$(2) \quad R = (ncd \times 0.06)(1 + 0.33 + 2.10) = ncd \times 0.205$$

La formule (1) convient, d'après l'expérience, aux lignes desservant des contrées plus particulièrement agricoles; la formule (2), à celles qui traversent des contrées industrielles, où l'activité de la population est fécondée par de puissants engins mécaniques qui augmentent la production et par conséquent les matières et produits à transporter.

Pour l'application des formules ci-dessus aux lignes que nous étudions, nous ferons $c=2.5$, en donnant ainsi à c sa valeur presque inférieure : les résultats obtenus seront donc des minima. Les formules deviennent :

$$(1) \quad R = nd \times 0.405$$

$$(2) \quad R = nd \times 0.501$$

Le caractère des contrées à desservir étant à la fois industriel et agricole, nous pourrons, sauf

---

2,200 kil. du réseau, dans les conditions prévues, pour être considérés comme desservis par les lignes dont il se compose: on a donc $n = 2,000,000$ hab.; nous savons que les valeurs moyennes de d et de c sont respectivement 40 kil. et 6 voyages, il vient ainsi :

$$R = 2.000.000 \times 40 \times 6 \times 0.201 = 96.480\,000 \text{ fr.,}$$

valeur sensiblement égale au chiffre réel.

exception motivée, faire emploi de la formule moyenne :

$$R = nd \times 0.450 \,[1];$$

Nous donnerons à n la valeur qui lui convient dans chaque cas, et nous déduirons la valeur de d de la longueur de chaque ligne et des conditions particulières de son trafic [2]. Nous obtiendrons ainsi la recette approchée, comme il est

---

[1] M. l'ingénieur des Ponts-et-Chaussées, J. Michel, a donné une autre formule pour l'évaluation du trafic probable d'une ligne secondaire, d'après certaines données de la statistique générale, qui ne sont autres que les valeurs moyennes, savoir : 6 pour le coefficient de déplacement de la population desservie, et $2\frac{1}{10}$ pour expression, en tonnes, du trafic unitaire de cette même population, trafic soumis arbitrairement au même parcours moyen que les voyageurs, par suite d'une application circonscrite à des cas particuliers.

La formule de M. Michel est un peu trop compliquée pour trouver place dans cette note sommaire, mais nous pouvons, en prenant le même tarif kilométrique par voyageur et par tonne de marchandise, la mettre, sans erreur notable, sous la forme suivante, en ne portant pas en compte, toutefois, la valeur de retour introduite par M. l'Ingénieur Michel dans sa formule, et qui fait double emploi, puisqu'elle figure à la recette des gares de réexpédition :

$$R = nd (6 + 2.1) \, 0.06 = nd \times 0.486$$

Il y a ainsi similitude dans les résultats, bien que les valeurs acceptées soient absolument différentes (*voir note D.*)

[2] Pour les petites lignes d'intérêt local, qui convergent généralement vers un centre important ou un point de jonction avec une autre ligne, destination naturelle du trafic, le parcours moyen est ordinairement égal aux deux tiers de la longueur totale. En désignant celle-ci par l la formule ci-dessus devient :

$$R = 0.45 \, \frac{2}{3} \, l \, n = 0.30 \, n \, l$$

$$\text{d'où} : \frac{R}{l} = 0.30 \, n$$

c'est-à-dire que, dans cette hypothèse, la recette kilométrique est égale aux 3/10 du chiffre de la population desservie par la ligne, ou correspond à 0 fr. 30 par habitant.

facile de s'en convaincre par un exemple emprunté au rapport de M. l'ingénieur en chef du département du Cher, sur les lignes de Bourges à Gien et à Beaune-la-Rolande, rapport annexé au prospectus de l'émission du capital de ces lignes. Ce rapport minutieusement étudié donne pour recette probable 3.428.797 fr. La population desservie est de 190.000 habitants ; le parcours moyen, pour une longueur totale de 154 kilomètres, est fixé à 40 kilomètres. Dans ces termes la formule ci-dessus donnerait directement :

$$R = 190.000 \times 40 \times 0.45 = 3.420.000 \text{ fr.,}$$

chiffre sensiblement égal.

I. — *Roubaix-Tourcoing-Armentières*, 24 kil.,

La population comprise dans une zone de 15 kilomètres dépasse 190.000 habitants. Mais les villes de Roubaix, Tourcoing et Armentières, ainsi que les centres de population qui les avoisinent, sont déjà en relation par les voies de Lille ; et malgré une réduction de parcours de 4 kil. pour Roubaix et de 9 kil. pour Tourcoing, les gares extrêmes, à la disposition de la Compagnie du Nord, lui donnent, au profit de ces voies, une action prépondérante. Pour tenir compte de cette concurrence, nous n'emprunterons à ces groupes de population, représentant environ 165.000 habitants, que les 3/10, soit environ

5o.ooo habitants qui, ajoutés aux 25.ooo habitants sans communication autre avec les gares extrêmes, nous donnent pour le service de la voie projetée, c'est-à-dire pour la valeur de n, 75.ooo habitants. Nous prendrons pour valeur de d un parcours moyen de 15 kilomètres, chiffre modéré, car en raison de l'importance des points d'origine, le parcours est entier pour plus de la moitié de la population desservie. La formule nous donne, dans ces conditions :

$$R = 75.000 \times 15 \times 0.45 = 506.250 \text{ fr.}$$

Le rendement kilométrique est ainsi de 21.093 fr. 75.

Rem. D'après une statistique dressée sur les éléments du trafic local et présentée au Conseil général en 1872, la recette kilométrique de cette ligne était évaluée à 31.500 fr., dans l'hypothèse, il est vrai, qu'une partie du trafic de Tourcoing et de Roubaix, en destination ou en provenance des ports de la Manche, et que les charbons du Pas-de-Calais abandonneraient, au profit de la nouvelle ligne plus courte et plus rapide, la voie actuelle par Lille. Comme la Compagnie du Nord dispose des gares d'expédition, il est probable qu'elle continuera à expédier par ses propres lignes ; il y a donc lieu de négliger cette considération et de n'évaluer le rendement qu'au point de vue du trafic local : c'est ce que nous avons fait.

D'autre part, M. l'ingénieur en chef du Nord

a, dans son rapport, estimé la recette kilométrique d'Armentières à Tourcoing, à 13.000 fr.
dès la première année d'exploitation, en acceptant cette recette comme appelée à un accroissement rapide [1]. On voit donc qu'avec le prolongement d'Armentières-Tourcoing à Roubaix,
c'est-à-dire l'adjonction d'un centre de population de près de 100.000 habitants et l'augmentation correspondante du parcours moyen, nos
prévisions n'ont rien d'exagéré et sont au contraire parfaitement justifiées. L'exploitation par
la Compagnie du Nord donnerait, à n'en pas
douter, une recette kilométrique bien supérieure,
mais au détriment du trafic des voies par Lille :
c'est de cette considération que doit naître son
opposition à la construction de cette ligne.

II. — *Orchies-Carvin à Hazebrouck* (Strazeele). 66 kilomètres.

La population traversée n'est guère que de
100.000 habitants déjà en relation, pour partie,
par cinq voies ferrées passant par Lille, avec des

---

[1] L'application de la formule, au cas particulier de l'arrêt de la
ligne à Tourcoing, donnerait les résultats suivants. Le produit de
l'exploitation étant réduit de la recette correspondante à une population de 27.000 habitants, part du centre de Roubaix, la valeur de n
devient 48.000 habitants; d'autre part, la valeur de d, eu égard à cette
réduction et à la longueur moindre de la ligne, n'est plus guère égale
qu'à 14. On a donc :

$$R = 48.000 \times 14 \times 0.45 = 302.400 \text{ fr.,}$$

d'où résulte un rendement kilométrique d'environ 14.500 fr.

variations de parcours et des convenances de direction, diverses. Mais en fait, la ligne projetée doit profiter sûrement du trafic de gare à gare, c'est-à-dire du commerce local, et il apparaît clairement qu'à partir de Laventie ou de Seclin, suivant la direction, la concurrence des voies par Lille est paralysée par la réduction du parcours, d'où résulte que le trafic des points intermédiaires avec les points d'origine est nécessairement réservé à la ligne en projet. Enfin, il y a lieu de tenir compte, dans une certaine limite, des apports des lignes traversées, en destination d'Orchies-Valenciennes ou des ports de la Manche.

Nous ne serons donc pas suspects d'exagération en limitant à la moitié de la population, la proportion à desservir par la voie projetée, surtout en fixant la distance moyenne aux 2/5 seulement de la longueur totale de 66 kilomètres, soit à 26k4. La formule donne, dans ces termes, pour recettes de la ligne rectifiée comme il a été dit :

$$R = 50.000 \times 26.4 \times 0.45 = 549.000 \text{ fr.}$$

d'où résulte un rendement kilométrique de 9.000 fr.

Ce rendement est insuffisant d'ailleurs relativement à la dépense, et motiverait l'établissement de cette ligne à simple voie (ouvrages d'art et expropriations), au moins du point de raccordement avec Carvin jusqu'à Strazeele, le pont sur la Lys excepté. Depuis la cession de Lille-Valenciennes à la Compagnie du Nord, et le manque de dégagement indépendant à Laventie, cette ligne a en effet perdu de son importance et n'a plus qu'un caractère local, comme l'a fait remarquer M. l'ingénieur en chef du Nord.

Rem. MM. les ingénieurs du département ont, par analogie avec les lignes similaires de la Compagnie du Nord-Est, évalué le rendement kilométrique de Templeuve-Hazebrouck à 5.3oo fr. en moyenne, et celui d'Orchies-Carvin à 12.000 francs; ensemble pour 59 kilomètres, 422.65o fr., soit en moyenne par kilom. 7.163 fr. 5o. Mais, d'une part, la moyenne des lignes du Nord-Est s'est accrue, depuis six mois, de 40 o/o; d'autre part, M. l'ingénieur en chef du Nord n'a pas fait entrer en compte les apports des lignes transversales : nous considérons ainsi que la majoration que nous avons obtenue est parfaitement conforme aux faits, et que le chiffre de 9.000 fr., loin d'être exagéré, est plutôt un minimum.

III. — *Artres à Denain-Saint-Amand et à Lourches.*

La population desservie par l'ensemble de ce réseau est d'environ 75.000 habitants, attachés pour une partie aux travaux sédentaires des mines ou d'usines spéciales, et dont l'activité est fécondée par l'emploi d'engins mécaniques d'une grande puissance : il doit en résulter un trafic tout exceptionnel. M. l'ingénieur en chef du Nord fait remarquer, d'autre part, que la ligne d'Artres à Denain et à Lourches, par laquelle s'effectueront les expéditions en destination des centres métallurgiques de Maubeuge, d'Aulnoye et d'Anor, réduira de 11 kilomètres le parcours actuel d'Artres à Denain par Valenciennes. Enfin la ligne de Denain à Saint-Amand, qui ouvre une communication directe entre tout le bassin de l'Escaut supérieur et la Belgique, avec une réduction de parcours qui paralyse toute concurrence, est appelée à un avenir assuré.

Pour toutes ces considérations qui mettent ce réseau dans des conditions exceptionnelles, comme trafic à petite vitesse, nous sommes autorisés à faire emploi, pour l'évaluation des recettes, de la formule (2) spéciale aux lignes industrielles. En faisant $d = 15$, soit à peu près la distance d'Artres à Denain et à Lourches, ou bien celle de Denain-Saint-Amand, moyenne justifiée par la prépondérance du transit prévu, il vient :

$$R = 75.000 \times 15 \times 0.51 = 573.750 \text{ fr.,}$$

soit un rendement kilométrique de 19.125 fr.

Rem. Les statistiques locales, relevées par MM. les ingénieurs du département, concluent à un rendement de 16.600 fr. par kilomètre pour la ligne d'Artres à Denain, et de 21.000 fr. pour l'embranchement de Lourches [1]. M. l'ingénieur

---

1 Ces deux chiffres semblent quelque peu contradictoires. On ne comprend pas bien comment le trafic de Lourches à la ligne d'Artres à Denain n'exerce pas une action plus sensible sur la section comprise

en chef fait remarquer en outre que ces lignes peuvent être assimilées à la ligne d'Aulnoye à Anor qui produit 29.000 fr. par kilomètre. La moyenne déduite de la formule est donc conforme au chiffre des recettes probables déduit des éléments du trafic local.

IV. — *Maubeuge-Solre-Avesnes.*

La ligne de Maubeuge à Solre, prolongée jusqu'à Avesnes, possède des dégagements bien établis : elle touche, à Solre, à la ligne de Jeumont-Anor, d'où elle tirera un certain transit ; enfin elle assure le service de toutes les relations de l'arrondissement avec le chef-lieu Avesnes. On peut donc s'attendre à un accroissement régulier des recettes, sans parler de l'extension du trafic, du fait du prolongement éventuel de la ligne dans la direction du département de l'Aisne et de Landrecies.

---

entre le point de jonction et Artres, destination naturelle des chargements

Les recettes kilométriques de ce groupe ne subiraient qu'une faible réduction du retrait de la concession de Denain-Saint-Amand. La formule appliquée aux lignes d'Artres à Denain et Lourches, en faisant $d = 12$, valeur motivée par le transit qui s'applique à tout le parcours d'environ 16 à 17 kilomètres, et $n = 48.000$ habitants, chiffre de la population qui reste desservie, donne en effet :

$$R = 48.000 \times 12 \times 0.51 = 293.760 \text{ fr.,}$$

d'où un rendement kilométrique d'environ 18.000 fr.

Mais l'adjonction de la ligne de Denain à Saint-Amand importe beaucoup à l'ensemble des lignes à concéder, dont elle modifie heureusement le résultat général, outre qu'elle contribue à réduire la dépense kilométrique du groupe, en supportant une part des frais généraux d'exploitation.

Dans l'état actuel, la ligne desservira une population de 35.000 habit., déduction faite d'une partie des centres de Maubeuge et d'Avesnes, déjà tributaires des lignes de la Compagnie du Nord. Le parcours moyen doit être nécessairement un peu supérieur à la distance de Solre-Avesnes ou de Solre-Maubeuge, qui représente le minimum de la distance à parcourir le plus généralement; on peut ainsi poser $d = 17$.

On obtient alors :

$$R = 35.000 \times 17 \times 0.45 = 267.750 \text{ fr.,}$$

soit un rendement kilométrique de 8.925 fr. [1]

Rem. Les statistiques locales, relevées par MM. les ingénieurs du département, portent le rendement kilométrique de Solre-Maubeuge à 8.400 fr., dès l'ouverture de l'exploitation, à cause du tonnage relevé à Sars-Poteries et qui atteint 25.000 tonnes. En outre, M. l'ingénieur en chef du Nord conclut à un accroissement rapide des recettes, du fait de la construction de la ligne de Solre-Avesnes. Le rendement ci-des-

[1] L'arrêt à Solre de la ligne de Maubeuge-Solre-Avesnes, réduit la longueur à 19 kilomètres environ et la population à desservir à 22.000 habitants. En prenant 14 pour parcours moyen, en considération de ce qu'il est presque entier pour Solre et Sars qui sont les principaux centres et dont le trafic est en destination de Maubeuge, la formule donne seulement :

$$R = 22.000 \times 14 \times 0.45 = 138.600 \text{ fr.,}$$

soit un rendement kilométrique de 7.295 fr., c'est-à-dire une moins-value de plus de 1.500 fr., sans compter l'augmentation kilométrique des frais généraux d'exploitation d'une ligne moins étendue.

sus de 8.925 fr. par kilomètre est donc assurément une évaluation très modérée et qui représente un minimum de recettes, comme tous les résultats des autres lignes d'ailleurs, à cause de l'emploi de la valeur inférieure du coefficient de déplacement $c = 2.5$.

Résumé des recettes.

La recette brute totale pour l'ensemble des 150 kilomètres à concéder est ainsi, savoir :

1. Roubaix-Armentières. . . . . .   506.250 fr.
2. Orchies-Carvin à Hazebrouck.   594.000 »
3. Groupe de Denain. . . . . . .   573.750 »
4. Maubeuge-Solre-Avesnes. . .   267.750 »

Ensemble. . . . . 1.941.750 fr.

soit un rendement kilométrique moyen de 12.945 francs, au lieu de 10.000 fr. qui représentent la moyenne du réseau réduit à 108 kilom.

V.

REVENU DU CAPITAL.

Pour obtenir le rendement net de l'exploitation des lignes, nous avons à déduire du rendement brut : . . . . 1.941.750 fr.

1. Frais d'exploitation :

1° Rouba.. -`..-mentières, à raiso de 40 % de la recette brute kilomé-trique de 21.093 f. soit 8.437 fr. 50, et pour 24 kilomètres   202.500 fr.

2° Orchies-Car-vin à Strazeele, à raison de 55 % de la recette kilomé-trique de 9.000 f., soit 4.950 fr. et pour 66 kilomètr.   326.700 fr.

A reporter.   529.200 fr. 1.941.750 fr.

Report.	529.200 fr.	1.941.750 fr.

3° Groupe de Denain, à raison de 40 % de la recette kilométrique de 19.125 fr. soit 7.650 fr., et pour 30 kilomètres . . 229.500 fr.

4° Maubeuge - Solre-Avesnes, à raison de 55 % de la recette kilométrique de 8.925 fr. soit 4.908 fr. 75, et pour 30 kilomètres 147.262 fr.

2. Frais supplémentaires pour service des gares communes, 3 % de la recette totale . 58.252 fr.

Ensemble pour frais d'exploitation . . 964.214 fr.
Soit en moyenne par kil. 6.428 fr. environ.

3. Service des obligations :
35.000 × 15 f. 80 = 553.000 fr.

1.517.214 fr.

4. Reste pour revenu du capital social. . . . . 424.536 fr.

c'est-à-dire plus de 5 1/2 % (de 7.500.000 francs), sans préjudice de la plus-value à acquérir avec le temps par le développement régulier de l'exploitation, et aussi par l'action de diverses causes que nous allons succinctement analyser.

1° On peut espérer à bon droit que le bon marché relatif du combustible, dans les contrées traversées par les lignes en projet, assurera une exploitation très économique et dont les frais, par les soins d'une Compagnie intéressée, peuvent descendre de 250 à 300 francs par kilomètre, au-dessous des chiffres tels qu'ils ressortent de nos évaluations : il en résulterait pour le capital social un revenu supplémentaire de 1/2 %.

2° Nous n'avons pas fait entrer en compte la réduction du capital de premier établissement, afférente à la construction, pour une voie seulement (expropriations et ouvrages d'art), de la ligne d'Orchies - Hazébrouck) ; on obtiendrait de ce chef, sans réduction du chiffre des recettes, une diminution de 500,000 francs environ. Le capital social pouvant, sans inconvénient, eu égard à la subvention qui le complète pour la garantie des obligations, être réduit de ce chiffre et rester limité à 7,000,000 francs, le revenu annuel devient égal à environ 7 %.

3° Enfin nous mentionnerons pour ordre l'éventualité de la cession de l'exploitation des nouvelles lignes à la Compagnie du Nord, dans les termes de ses traités avec Lille-Valenciennes, Lille-Béthune et la Compagnie du Nord-Est. En admettant seulement les indemnités allouées pour les lignes de cette dernière Compagnie, c'est-à-dire 8.700 francs par kilomètre, soit 1.174.500 francs pour les 135 kilomètres indépendants, il en résulterait un revenu annuel de plus de 8 % pour le capital social.

Nous ne terminerons pas sans faire observer, à propos de ces traités, qu'ils sont pour les nouvelles lignes une garantie certaine d'un revenu rémunérateur. Leurs conditions supposent, en effet, une recette moyenne générale de 17.000 à 18.000 francs par kilomètre, sinon l'exploitation du réseau serait onéreuse pour la Compagnie du Nord et la mettrait en perte de la moins-value, soit pour l'ensemble des lignes de 3 à 400.000 francs au moins, pour chaque mille francs de recette kilométrique moyenne, au-dessous de 18.000 francs. On peut bien admettre que le dessein de faire tomber la concurrence, pour arriver au relèvement de certains tarifs, ait amené la Compagnie du Nord à encourir le risque d'une certaine perte sur l'exploitation de ce réseau, compensée par une plus-value sur la recette de ses propres lignes, du fait de ce relèvement des tarifs; mais cet accroissement, à la charge exclusive des populations desservies, n'a pu, sous peine de compromettre l'approbation des traités par l'autorité supérieure, être calculé au-delà d'une plus-value de un million de francs par exemple : c'est-à-dire que le rendement moyen de l'ensemble des lignes ne peut être inférieur à

13 ou 14.000 francs par kilomètre [1], rendement parfaitement rémunérateur dans les termes
où nous nous sommes placés pour les concessions
nouvelles.

Les recettes inférieures de quelques lignes du
réseau repris par la Compagnie du Nord ne sau-
raient modifier ces conclusions et doivent être
attribuées à l'abaissement anormal des tarifs,
provoqué par une lutte excessive entre compagnies rivales, quand elles ne sont pas imputables
au manque de dégagements de lignes incom-
plètes, ou à l'ouverture trop récente de ces
lignes, alors que les habitudes anciennes con-
servent encore leur action au profit de voies
jusque-là en usage, et que le temps n'a pas agi,
pour donner aux nouvelles voies leur influence
normale sur le développement du trafic des
contrées qu'elles viennent desservir.

Toutes les circonstances concourent donc pour
justifier l'évaluation de la recette moyenne des
lignes à construire, telles qu'elles ont été déterminées, au chiffre kilométrique de 13 à 14.000
francs, recette qui assure au capital social une
rémunération satisfaisante, puisqu'elle a pour
limite inférieure un rendement de 5 1/2 %, sans pré-

1 Le rendement moyen des lignes reprises par la Compagnie du
Nord, tel qu'il résulte des recettes officielles relevées pour la fin de
mai 1876, est de 13.066 francs par kilomètre, à raison d'une recette
brute mensuelle qui correspond pour l'année à 2.971.852 francs pour
227 kilomètres actuellement en exploitation ; cette recette, il est vrai,
ne ressort plus qu'à 11.670 francs à la mi-juin : la moyenne serait
ainsi de 12.368 francs.

judice de la plus-value qu'elle ne peut manquer d'acquérir avec le temps ou par l'effet des circonstances que nous avons mentionnées.

Ces résultats seront d'autant plus certains, dans la pratique, que les réseaux seront plus étendus et permettront une exploitation plus économique ; ils sont donc subordonnés à la réserve de ne pas concéder des lignes morcelées à l'extrême, comme le Conseil général en a d'abord marqué l'intention. Même avec des réseaux plus étendus, tels que nous les avons déterminés, on peut craindre des déceptions résultant des centres d'exploitation multiples qui seront des occasions de frais plus élevés, et surtout de l'usage de nombreuses gares communes, qui donnent à la Compagnie du Nord une action trop prépondérante sur le trafic. Nous avons tenu compte de ces obstacles dans la limite appréciable, et ils peuvent être d'ailleurs considérablement atténués, pour peu que la Compagnie du Nord y mette de bon vouloir, comme il y a lieu de l'espérer, une fois les lignes nouvelles en exploitation.

NOTE A

Exploitation des petites lignes par les grandes Compagnies.

Le relevé ci-joint des recettes et des dépenses de l'exploitation de 40 petites lignes par les grandes Compagnies, permet de prendre les conclusions suivantes :

1. Le prix de revient minimum de l'exploitation des lignes secondaires par les grandes Compagnies ne descend pas au-dessous de 6.000 à 6.500 fr. par kilomètre, et la moyenne dépasse 7.200 fr., quelle que soit la recette brute au-dessous de ces chiffres. Ce prix de revient a pour limite inférieure 3.300 fr. et pour moyenne 4.500 francs environ, pour les dépenses d'exploitation par de petites Compagnies dans des circonstances ana'ogues : nous citerons à l'appui la ligne de Fougères à Vitré, les lignes du Nord-Est pendant leur exploitation par la Compagnie de Lille-Valenciennes... etc.

2. Les dépenses et les recettes ne s'équilibrent en moyenne, pour l'exploitation par les grandes Compagnies, que de 7 à 10.000 fr.; les petites

Compagnies arrivent à ce résultat pour des re
cettes de 5.000 fr. et même de 4.000 fr. par
kilomètre [1].

Pour des recettes de 8 à 15 et 20.000 fr. par
kilomètre, les dépenses d'exploitation des grandes
Compagnies sont au moins de 75 à 80 o/o de ces
recettes; cette proportion correspond pour de petites Compagnies à des recettes de 6 à 7.000 fr.
par kilomètre. Pour des recettes de 12 à 15.000 fr.,
l'exploitation par une petite Compagnie laisse un
bénéfice [2] suffisant pour la rémunération d'une
grande partie du capital de premier établissement; contrairement aux conclusions de M. l'ingénieur en chef du Nord, ce résultat paraît
inconciliable avec l'exploitation par une grande
Compagnie.

On pourrait faire observer que la réduction des
frais d'exploitation n'est obtenue, par les petites
Compagnies, qu'aux dépens de l'entretien normal
du matériel fixe et roulant, et qu'on n'a pas eu
encore l'application du renouvellement de ce
matériel : cela est vrai dans une certaine limite,
mais il y a compensation à l'encontre des grandes
Compagnies qui n'exploitent guère les petites
lignes qu'au moyen d'un matériel de rebut, sans
que les dépenses en soient atténuées.

---

1 Nizam à Saint-Symphorien :
Recette brute : 5,868 f.—Dép. d'exploitation 3,292 f.—Long. 18 kil.
　Alençon à Condé :
Recette brute : 4,324 f.—Dép. d'exploitation 4,036 f.—Long. 65 kil.
2 Saint-Quentin à Guise :
Recette brute : 10,540 f.—Dép. d'exploitation 6,000 f.—Long. 40 kil.
　Achiet-Bapaume :
Recette brute : 17,376 f.—Dép. d'exploitation 8,172 f.—Long. 7 kil.

.3. Les petites Compagnies construisent à meilleur marché que les grandes, bien qu'elles doivent payer leur capital plus cher, faute d'un crédit bien établi ; les grandes Compagnies n'acceptant de concessions nouvelles qu'avec la garantie de l'Etat, sans compter ordinairement de fortes subventions, n'ont pas à se préoccuper, au même degré, de la dépense de premier établissement, dont le revenu reste assuré en tout état de cause. Les lignes, comprises au tableau ci-joint, représentent une dépense moyenne kilométrique de 286.173 fr. : il n'existe pas de ligne construite par de petites Compagnies qui ait atteint ce chiffre. Les lignes du Nord-Est sont de 100.000 francs au-dessous, et nous pouvons citer un exemple plus caractéristique, signalé par M. de Dalmas, président du chemin de fer de Vitré à Fougères.

Les lignes de Rennes (gare commune) à Saint-Malo, et de Vitré à Fougères ont même longueur ; les expropriations ont dû coûter un prix sensiblement égal, puisque les lignes sont tout-à-fait voisines ; elles ont été établies en exécution du même cahier des charges... etc. La première, construite par la Compagnie de l'Ouest, a coûté 300.000 fr. par kilomètre ; la seconde, établie par une Compagnie particulière, revient à 111.000 fr. Nous admettrons bien, si l'on veut, quelques réserves pour les conditions respectives d'établissement, mais l'on comprend, comme l'affirmait l'ex-ministre M. l'ingénieur en chef Caillaux, que les grandes Compagnies fassent mieux, si c'est à ce prix !

TABLEAU

des conditions d'exploitation (1873) de 40 lignes secondaires par les grandes Compagnies.

(Extrait d'un travail de M. Lepage, ingénieur civil).

NOMS DES LIGNES	LONGUEUR KILOMÉTRIQUE	RECETTE BRUTE par kilomètre	Dépense d'exploitat. par kil.
1. RÉSEAU DU NORD			
Chantilly à Crespy	34	8.588	7.323
Beauvais à Gournay	28	4.822	7.526
2. RÉSEAU DE L'EST			
Flamboin à Montereau	28	6.857	7.039
Châtillon-s.-S. à Chaumont	43	6.535	7.930
Gretz à Coulommiers	33	13.879	10.424
Longueville à Provins	7	13.570	12.857
Epinal à Remiremont	24	12.708	10.291
Bar-sur-Seine à Châtillon	32	11.968	10.625
3. RÉSEAU DE L'OUEST			
Beuzeville à Fécamp	20	12.250	8.000
Laigle à Conches	4	7.150	7.250
Saint-Pierre à Louviers	7	11.000	16.857
4. RÉSEAU D'ORLÉANS			
Libos à Cahors	51	4.600	6.588
Nantes à La Roche	75	11.666	8.733
Aubigné à La Flèche	34	3.470	6.030
5. RÉSEAU LYON-MÉDIT.			
Saint-Rambert à Annonay	19	9.368	10.052
Livron à Rivas	32	15.125	13.280
Livron à Crest	17	4.058	7.000
Sorgues à Carpentras	17	7.588	9.353
Les Arcs à Draguignan	13	7.000	9.307
Aubagne à Saldone	17	15.945	13.412
Cannes à Grasse	17	7.588	10.470
Santenay à Etang	59	6.035	10.440
Aix à Annecy	39	8.025	7.642
Avignon à Miramon	37	7.974	8.649
Nuits-s.-Ravière à Châtillon	35	12.343	8.430
Saint-Étienne-Montbrizon	22	10.400	9.409
Clermont-Montbrizon	62	5.644	6.887
Auxerre-Clamecy	53	7.509	8.868
Pertuis à Aix	28	7.250	10.715
Lunel au Vigan	58	7.293	9.862
6. RÉSEAU DU MIDI			
Mont-de-Marsan à Tarbes	99	12.960	8.663
Agde à Lodève	57	14.228	11.105
Saint-Simon à Foix	70	11.570	8.614
Langon-Bazas	20	4.850	8.300
Castelnaudary-Castres	55	19.960	15.971
Castres à Mazamet	19	12.263	10.137
Perpignan-Port-Vendres	30	6.800	8.400
Castres à Alby	47	12.215	10.170
Lourdes-Pierrefite	20	6.450	6.550

P.-S. — Nous pourrions joindre à ces exemples le résultat de l'exploitation des lignes secondaires d'Alsace, avant la guerre, par la Compagnie de l'Est. La recette kilométrique était de 8.000 fr., et la dépense d'exploitation de 8.500 fr.

NOTE B

*Relation entre la recette brute d'un chemin
de fer et ses frais d'exploitation.*

On n'a jamais cherché à établir de formule,
même théorique, de la relation qui peut exister
cependant, dans certaines limites, entre les recettes d'un chemin de fer et les dépenses de son
exploitation. Tout au plus connaît-on quelques
résultats pratiques, déduits de cas particuliers, et
dont la généralisation serait imprudente.

L'expérience prouve seulement que les dépenses d'exploitation d'un chemin de fer, en activité normale, ne descendent pas au-dessous de
4.500 à 5.000 fr. par kilomètre, la recette brute
fût-elle inférieure ; c'est là une *constante* en
quelque sorte.

On a calculé, d'autre part, avec une exactitude
suffisamment approchée, que le coût kilométrique,
tous frais compris, d'un train de voyageurs ou
de marchandises, dans des conditions ordinaires
d'exploitation, était d'environ 2 fr.; le chiffre de

2 fr. 5o est accepté dans la pratique. Or la charge
utile d'un train en circulation sur les lignes secondaires, étant d'environ 100 tonnes, laquelle correspond à une recette d'au moins 5 fr., le bénéfice
ressortirait à 3 fr., par unité de train kilométrique,
en admettant bien entendu qu'aucun train ne cir-
cule à une charge utile inférieure, ou qu'au moins
cette charge soit une moyenne. Un train de voyageurs, de composition ordinaire, donne à peu
près les mêmes résultats.

On comprend que cette condition de charge
normale tend à être remplie, sur une ligne, d'autant plus aisément que le trafic de cette ligne est
plus considérable et permet l'organisation de
trains plus complets; qu'elle est au contraire d'une
exécution plus difficile, quand la circulation et le
trafic sont peu importants, ne se répartissent pas
convenablement, ne se compensent pas dans
chaque sens...etc On doit penser que les pertes
essuyées par les grandes Compagnies, dans l'exploitation des petites lignes, proviennent en grande
partie des difficultés qu'elles rencontrent pour la
formation régulière de trains à pleine charge, soit
faute d'un matériel approprié, soit à cause des
exigences qui leur sont imposées, pour la composition et le nombre des trains, par l'autorité
supérieure ou les populations desservies... etc.,
toutes sujétions de nature à accroître leurs dépenses, sans compensation de recettes, eu égard
surtout à leurs frais généraux plus élevés.

Sous ces réserves, la recette d'un chemin de

fer, pour un trafic de 1.000 trains kilométriques (100.000 tonnes), serait d'environ 5.000 fr. par kilomètre, se répartissant en 2.000 fr. de frais effectifs et 3.000 fr. de bénéfice, avec obligation de tenir compte de la *constante* des dépenses : dans l'espèce, les bénéfices ci-dessus seraient absorbés par les frais généraux et la recette nette, nulle.

Pour un trafic de 1.500 trains kilométriques (150.000 tonnes), la recette atteindrait 7.500 fr. par kilomètre, se répartissant en 3.000 fr. de frais directs et 4.500 fr. de bénéfice, ces derniers à réduire de façon à compléter la *constante*.

Pour un trafic de 2.000 trains kilométriques (200.000 tonnes) correspondant à 10.000 fr. de recettes brutes par kilomètre, la dépense directe serait de 4.000 fr. et le bénéfice de 6.000 fr., sous réserve toujours de compléter la *constante* des dépenses minima. L'exploitation est sensée se faire à 50 o/o de la recette.

A partir d'un trafic de 2.500 trains kilométriques (250.000 tonnes) correspondant, dans la même hypothèse, à 12.500 fr. de recette kilométrique, la *constante* est couverte par l'attribution des frais normaux (2 fr. à 2 fr. 25 par train kilométrique, représentant pour 2.500 trains, 5.000 à 5.525 fr.) ; mais à ce chiffre de trafic la dépense dépasse nécessairement 5.000 fr. par kilomètre ; elle deviendrait au moins 6.000 fr. pour un trafic de 3.000 trains, 8.000 fr. pour 4.000 trains... etc.

On comprend bien que ces résultats sont tout

théoriques et sont à peine des approximations dans la pratique, la condition expresse à laquelle ils sont absolument subordonnés ne pouvant presque pas être remplie. Le seul fait que nous voulions en dégager, c'est que les dépenses d'exploitation d'un chemin de fer, dans les conditions les plus favorables, pouvaient bien être réduites de 4.500 à 5.000 fr. pour des recettes inférieures à 10.000 fr., mais que ce minimum de dépenses était nécessairement insuffisant pour des recettes supérieures ; que, pour une recette de 15.000 fr., par exemple, la dépense kilométrique était d'au moins 6.000 fr.; que cette dépense s'accroît avec les recettes dans la proportion d'*au moins* 40 o/o, et cela sans limite

Les conclusions du rapport de M. l'ingénieur en chef sont ainsi applicables aux lignes de Templeuve-Hazebrouck et, à la rigueur, de Solre-Maubeuge ; mais il n'en est pas de même pour les autres lignes dont les recettes dépassent 12 et 15.000 fr. par kilomètre et dont les frais d'exploitation s'élèvent par conséquent à 6, 7 et 8.000 fr. au moins.

On conçoit également, en raison de la *constante* des frais, qu'on ne puisse appliquer une moyenne à un ensemble de lignes dont les recettes sont différentes.

Telles sont les raisons qui nous ont fait évaluer à 5.500 et non à 5.000 fr. les frais kilométriques de l'exploitation des lignes qui font l'objet du rapport de M. l'ingénieur en chef du Nord.

NOTE C

*Examen de deux propositions soumises au
Conseil général dans sa session d'avril 1876.*

Indépendamment de la demande en substitution
de la concession de la ligne de Roubaix-Armentières, sans subvention ni garantie du département,
demande qui ne ferait pas question [1], n'était le
monopole de la Compagnie du Nord, dont le
Conseil espère tirer avantage pour l'exécution de
l'ensemble des lignes complémentaires du réseau
départemental, deux propositions lui ont été pré-
sentées à sa dernière session pour la construction
et l'exploitation de ces lignes.

Ces propositions, à défaut d'études préliminaires dont leurs auteurs ont fait l'économie, ne
contiennent ni l'une ni l'autre de spécification
de lignes. On doit donc admettre qu'elles s'ap-
pliquent à celles visées par le rapport de M. l'ingénieur en chef du Nord, d'ordre du Conseil.

---

[1] Cette proposition, en dehors de toute considération de droits
acquis, économise en effet au département plus de un million de
francs, qu'il lui est loisible de reporter sur une autre ligne.

La première émane d'une Société industrielle, sérieuse par ses attaches financières. Cette Société offre de se charger de la construction et de l'exploitation de toute ligne à concéder dans le département du Nord, — et à peu près partout ailleurs du reste, — moyennant la garantie d'une recette brute par kilomètre d'au moins 14.000 fr., l'excédant étant à partager, de compte à demi, entre ladite Société et le Département.

Cette proposition très simple en apparence, en ce qu'elle paraît se résumer en une garantie de bénéfice de 8 à 9.000 fr. par kilomètre, est au fond parfaitement indéterminée.

Sans nous préoccuper si la demande de garantie s'applique à chaque ligne en particulier ou se résume en une moyenne pour l'ensemble; sans soulever de discussion sur la question des sections et gares communes dont l'action sur les recettes peut être assez sensible en plus ou en moins, soit par application de tarifs variables avec les Compagnies, soit par les exigences de la Compagnie du Nord... etc., nous abordons de suite la difficulté capitale.

Quelques exemples feront mieux sentir la gravité de la question :

Pour une recette de 14.000 fr., la dépense d'exploitation est théoriquement d'au moins 5.600 fr. et le bénéfice de 8.400 fr. par conséquent; pour une recette de 10.000 fr., les frais d'exploitation sont d'environ 5.000 fr., et le bénéfice d'autant; pour une recette de 20.000 fr., les frais seraient

d'environ 8.000 fr. et les bénéfices de 12.000 :
tels sont les trois cas qui peuvent se présenter.

Quand la recette atteindra la garantie prévue,
il n'y aura pas de difficulté de ce chef.

Quand elle restera inférieure, qu'elle sera de
10.000 fr., par exemple, il semble, d'après le
texte de la proposition, que le Département devra
compléter le chiffre garanti et verser à la Compagnie le complément de 4.000 fr. Mais dans ce
cas, la Compagnie n'ayant pas de frais à supporter
sur ces 4.000 fr. qui complètent sa recette, gagne
davantage que pour une recette supérieure. Le
Département lui doit-il autre chose que la part de
bénéfice qu'elle réaliserait sur ce complément de
recettes ? sinon elle a intérêt à repousser le trafic,
ses bénéfices étant d'autant plus élevés que la
recette brute kilométrique est plus faible.

Réciproquement, pour une recette kilométrique
de 20.000 francs, la dépense minimum devant
atteindre 8.000 fr., le bénéfice est au plus de
12.000 fr., dont 3.000 reviendraient au Département. Il ne resterait à la Compagnie qu'un profit
de 9.000 fr. au plus, c'est-à-dire le même que
pour une recette de 10.000 fr. seulement, avec la
responsabilité d'un trafic plus grand. L'intérêt de
la Compagnie serait toujours de repousser l'accroissement du trafic qui lui crée des charges
sans lui valoir de bénéfices.

Il semble donc logique que la subvention départementale ne soit applicable, en cas de recettes
inférieures à 14.000 fr., qu'à la part de bénéfices

dont la Compagnie est privée et non à l'écart entre la recette brute réalisée et 14.000 fr.; mais, dans ce cas, qui fera le contrôle? qui déterminera exactement la proportion des charges de l'exploitation relativement à la recette? le Département aura-t-il droit d'ingérance dans la comptabilité de la Compagnie et même dans la direction de l'exploitation?

Les mêmes réserves s'appliqueraient à la part qui peut revenir au Département pour les recettes supérieures à 14.000 fr. par kilomètre.

On voit qu'abstraction faite de toute crainte d'introduire la perturbation dans les budgets départementaux, du fait d'une subvention annuelle indéterminée, le Conseil a eu quelque raison d'hésiter devant cette proposition par trop vague et dont l'exécution présenterait de telles difficultés ou de telles anomalies, qu'on serait amené, à bref délai et bon gré mal gré, à lui substituer une garantie fixe du capital mis en œuvre, sans avoir déterminé *a priori* ce capital et sans en avoir contrôlé l'emploi. — D'après les conclusions du rapport de M. l'ingénieur en chef du Nord, la somme à payer annuellement par le Département par application de cette proposition aux 108 kilomètres spécifiés, ne serait pas inférieure à 500.000 fr., sans préjudice d'une augmentation possible pendant les premières années d'exploitation [1].

---

[1] Nous passons sous silence la clause du partage des bénéfices, qui est sans importance dans l'espèce et qui est commune du reste à toutes les propositions.

La seconde proposition se résume en une subvention de 5.400.000 fr., à raison de 50.000 fr. par kilomètre; elle correspond à une demande de subvention annuelle, mais fixe, d'environ 300.000 francs. Elle est donc probablement préférable, si toutefois l'exécution en est possible.

Pour apprécier son application aux 108 kilomètres à construire, nous devons rappeler que la dépense ne peut guère être inférieure au chiffre résultant de la moyenne de 170.000 fr. par kilomètre, soit pour 108 kilomètres : ˙18.360.000 fr.

A déduire la subvention de .   5.400.000 »

Reste à réaliser . . . . . . 12.960.000 fr.

sous forme de 12.000 actions de 500 fr., représentant le capital social, 6,000,000 fr., et de 28.000 obligations de coupure ordinaire, représentant le capital complémentaire, 6.960.000 fr.

D'autre part, la recette à attendre de l'exploitation des 108 kilomètres tels qu'ils sont déterminés, est, à raison d'une recette moyenne de 10.000 fr. par kilomètre, de .   .   1.080.000 fr.

A déduire : 1° Frais d'exploitation, 108 kil. × 5.500 fr. = 544.000

2° Indemnité pour usage des gares communes, 3 o/o 32.400

3° Service des obligations : 28.000 × 15.8 = 442.400   1.068.800 fr.

4° Reste pour le capital social.   11.200 fr.

En d'autres termes, ce capital de 6 millions de francs ne peut compter provisoirement sur aucune rétribution, et n'a en perspective un revenu d'environ 5 o/o, qu'à l'époque où la recette moyenne atteindra 13 à 14.000 fr. par kilomètre.

Quels que puissent être l'abondance et le bon marché des capitaux en Belgique, d'où émane cette proposition, il y a fortement lieu de craindre qu'elle n'ait été faite à la légère et ne soit pas réalisable.

Pour des capitalistes sérieux, il n'est pas contestable que, dans les conditions où se présentent les 108 kilomètres à concéder, en regard de cinq centres d'exploitation distincts et de l'usage obligatoire de nombreuses gares communes, la concession n'en puisse être sollicitée qu'avec une subvention de 85 à 90.000 fr. par kilomètre. Si donc les lignes projetées ne doivent pas subir de modifications dans leurs tracés et leurs longueurs, le Conseil général doit s'attendre à n'obtenir leur construction que moyennant une subvention de 9 à 10 millions de francs.

Il n'est pas davantage contestable que la Compagnie du Nord ne soit mieux placée que toute autre, pour tirer bon parti de l'exploitation de ces lignes et n'offre ainsi plus de sécurité ; c'est donc à elle que la concession reviendrait de droit, à prix égal, et de préférence à la Société qui requiert une garantie à peu près équivalente à la subvention ci-dessus ; seulement il est évident qu'en prenant cette résolution, le Conseil général devra dès lors renoncer à l'exécution de toute nouvelle ligne, à moins d'énormes sacrifices au profit de la Compagnie du Nord, qui aura reçu sans réserve la confirmation de son monopole et sera de plus en plus en position de paralyser le rendement de toute voie exploitée par une Compagnie étrangère. En un mot, les intérêts du Département seront à l'entière discrétion de la Compagnie du Nord.

NOTE D

De la valeur du coefficient de déplacement.

La formule déduite approximativement de celle de M. Michel :

$$R = nd\,(6 + 2\;1/10)\;0.06 = nd \times 0.480$$

et celle que nous avons déterminée :

$$R = nd \times 0.450$$

sont tellement différentes, malgré la similitude des résultats, qu'il est nécessaire de les analyser.

La seconde est déduite naturellement de la formule :

$$R = 0.06\;ndc$$

qui donne la recette des voyageurs d'une ligne, sans autre indétermination que celle afférente à la valeur de c, coefficient de déplacement.

Etant donné pour c, les valeurs : 8, 10, 12 et 14 spéciales aux lignes principales des grands réseaux, 6 comme moyenne générale, s'appliquant en outre comme valeur particulière à un certain nombre

de lignes secondaires, nous avons déduit mathé-
matiquement 2 à 3, comme moyenne inférieure
applicable aux petites lignes d'intérêt local. Sans
doute ce n'est là qu'une approximation qui exi-
gerait une justification plus complète, mais on ne
saurait s'étonner de ne pas obtenir, à l'aide d'une
formule générale, un résultat rigoureusement
exact.

La formule de M. Michel repose sur deux
données fournies par la statistique générale et
qui sont les suivantes. Le nombre de voyages par
habitant, c'est-à-dire la valeur du coefficient que
nous avons désigné par c, est, à part quelques
légères variations, le même pour toutes les ré-
gions de la France et égal à 6; il serait, par
conséquent, sans valeur inférieure. D'autre part,
le trafic unitaire a pour valeur moyenne 2 1/10
tonnes, avec 2 pour valeur inférieure.

Nous reconnaissons pour vraies ces données
qui seraient contradictoires avec les bases de la
formule dont nous avons fait usage, s'il n'y avait
confusion dans l'application qui en est faite par
M. Michel.

Si l'on considère en effet un voyageur partant
de Lille pour Lyon, son voyage est porté en
compte par le réseau du Nord, et semblablement
par le réseau de Lyon-Méditerranée; réciproquement de Lyon à Lille. En généralisant cet
exemple, on conçoit que le coefficient supérieur
des grandes lignes puisse n'impliquer aucune réduction pour les autres lignes, la majoration

constatée résultant simplement de doubles emplois et de l'action de ces lignes au-delà des limites ordinaires. Néanmoins la moyenne générale en reçoit une modification, et il faut absolument, cette moyenne générale étant égale à 6, qu'il y ait des lignes qui subissent l'action d'un coefficient inférieur.

Il y a plus : la France, avec ses 16 à 17.000 kilomètres de chemins de fer en exploitation, n'a pas de centre un peu important qui ne soit desservi par plusieurs lignes ou dans diverses directions. On doit admettre, avec M. Michel, qu'étant donné un centre de population, le coefficient de déplacement est bien de 6 en moyenne par habitant, mais cette valeur se répartit suivant les diverses lignes qui le desservent; de telle sorte que, si ce centre de population est desservi par 3 lignes, comme ce sera le cas pour Roubaix, quand les lignes de Roubaix-Somain et de Roubaix-Armentières seront en exploitation, le coefficient normal de déplacement, afférent aux conditions particulières de ce centre, se divisera en trois parts variables avec l'importance des lignes.

On saisit la confusion. Le coefficient de déplacement a bien une moyenne générale égale à 6, mais c'est dans son application à la population, et cette moyenne n'est applicable au trafic d'une ligne qu'autant que cette ligne a atteint son plein développement et dessert à elle seule cette population. Autrement, et si d'autres lignes viennent en concurrence, la valeur de ce coefficient se ré-

partit entre les lignes en proportion de leur importance relative. La valeur acceptée par M. Michel
pour le coefficient c, dans son application aux
lignes d'intérêt local, est donc certainement exa-
gérée et doit se rapprocher sensiblement du chiffre
de 2.5 que nous avons adopté.

Une confusion analogue existe, mais en sens
contraire, pour le coefficient du trafic unitaire
supposé égal à 2 1/10 tonnes et qui ne correspond
dans la formule déduite de celle de M. Michel,
qu'au tiers environ de la recette des voyageurs,
tandis que, dans la nôtre, il a une valeur double
de cette recette, c'est-à-dire 6 fois plus grande
que dans le premier cas.

Il y a lieu de remarquer d'abord que les parcours moyens des voyageurs et des marchandises
sont tout à fait différents et que la formule de
M. Michel, qui suppose leur identité, est erronée
en ce point.

Mais la différence capitale résulte d'une autre
application. Le trafic unitaire de 2 1/10 tonnes
est une moyenne pour toute la France, abstraction faite du rayon d'action des voies ferrées ;
c'est au contraire le trafic exclusivement soumis
à ce rayon d'action que nous avons fait entrer
dans nos formules : on conçoit ainsi que les résultats soient tout différents.

En résumé, il faut reconnaître avec M. l'ingénieur Michel, que la valeur du coefficient de
déplacement d'un centre quelconque de population est de 6 en moyenne, mais dans les cas ordi-

naires des chemins de fer d'intérêt local, la valeur
de ce coefficient n'est applicable que pour partie
à une ligne nouvellement ouverte, et doit, d'après
les données statistiques, avoir pour expression
approchée 2.5, valeur que nous avons adoptée.

Il nous paraît inutile d'entrer dans de nouvelles
explications pour justifier le trafic des marchandises, tel qu'il figure dans notre formule, d'après
des données statistiques très positives.

Si donc la formule de M. Michel donne le
même résultat que celle dont nous avons fait
usage, ce n'est que par hasard et par suite de
compensation accidentelle dans l'application de
coefficients qui sont exagérés pour le trafic des
voyageurs et insuffisants pour le trafic des marchandises : il ne paraît pas qu'il puisse y avoir
doute à cet égard, aussi bien en théorie qu'en
pratique.

FIN

Lille, 25 Juillet 1876.

P.-F; DEGOIX.

Lille, Imp. Lefebvre-Ducrocq.

Lille, Imp. Lefebvre-Ducrocq.

www.ingramcontent.com/pod-product-compliance
Lightning Source LLC
Chambersburg PA
CBHW051616060726
47597CB00004B/1302